DISCOURS

DE
JÉRÔME PETION,

SUR L'ACCUSATION
INTENTÉE CONTRE
MAXIMILIEN ROBESPIERRE.

LA convention nationale ayant passé à l'ordre du jour, après avoir entendu Robespierre, je n'ai pas pu prononcer mon discours. Pour le composer, je me suis renfermé en moi-même ; je me suis dépouillé, autant qu'il a été en moi, de toute espèce de prévention ; j'ai été sourd à la voix de l'amitié, et à toute espèce de considérations particulières ; je n'ai vu, ni consulté personne ; je n'ai communiqué avec qui que ce soit. Bien pénétré de mes devoirs, bien pénétré de ma position, j'ai senti que j'étois peut-être le seul dans cette assemblée à qui il ne fût pas permis de hazarder la moindre conjecture. J'ai senti que ma franchise austère pourrait déplaire et me faire des ennemis ; mais j'ai obéi à ma conscience, je ne connais pas d'autre guide.

Les uns ont dit : *il sera pour Robes-pierre* ; les autres ont dit : *il sera contre Robespierre* : je n'ai été, je ne serai que pour la vérité.

En affaires publiques, je ne fais point acception des personnes. Mon silence était celui de la raison, celui de l'homme qui sait sacrifier son amour-propre à l'amour du bien de tous.

Il est des personnes cependant qui ont feint d'attribuer ce silence à faiblesse ; qu'elles connaissent mal mon caractère ! Dans toutes les occasions importantes je me suis prononcé et je me prononcerai toujours avec courage. Jamais je ne me suis vanté d'être prêt à mourir pour la liberté de mon pays ; mais je me suis exposé cent fois, seul, à périr pour elle, sans parler des dangers que j'avois courus. Peut-être ils ne sont pas passés ; Eh bien ! ils me trouveront toujours le même. En attendant, faisons le bien et ne nous occupons que de lui.

DISCOURS

DE

JERÔME PETION,

SUR L'ACCUSATION

INTENTÉE CONTRE

MAXIMILIEN ROBESPIERRE.

CITOYENS,

Je m'étais promis de garder le silence le plus absolu sur les évènemens qui se sont passés depuis le dix août : des motifs de délicatesse et de bien public me déterminaient à user de cette réserve.

On m'a mis plus d'une fois dans le cas de rompre l'engagement que j'avais pris avec moi-même ; on s'est permis de défigurer ma conduite, de me prêter des sentimens qui n'ont jamais été les miens ; on a employé des moyens de tout genre, pour me faire perdre une confiance obtenue par quelques services :

A

je suis resté ferme dans ma résolution, bien convaincu que tôt ou tard la calomnie passe, que la vérité demeure , et que justice se fait.

Mais il est impossible de me taire plus long-temps. De l'une et l'autre part on invoque mon témoignage ; chacun me presse de dire mon opinion ; je vais dire avec franchise ce que je sais sur quelques hommes, ce que je pense sur les choses.

J'ai vu de près les scènes de la révolution. J'ai vu les cabales, les intrigues, ces luttes orageuses entre la tyrannie et la liberté , entre le vice et la vertu.

Quand le jeu des passions humaines paraît à découvert ; quand on apperçoit les ressorts secrets qui ont dirigé les opérations les plus importantes ; quand on rapproche les événemens de leurs causes ; quand on connaît tous les périls que la liberté a courus ; quand on pénétre dans l'abîme de corruption qui menaçait à chaque instant de nous engloutir ; on se demande avec étonnement par quelle suite de prodiges nous sommes arrivés au point où nous nous trouvons aujourd'hui.

Les révolutions veulent être vues de loin ; ce prestige leur est bien nécessaire : les siècles effacent les taches qui les obscurcissent ; la postérité n'apperçoit que les résultats : nos neveux nous croiront grands ; rendons les meilleurs que nous.

Je laisse en arrière les faits antérieurs à cette journée à jamais mémorable , qui a

(5)

élevé la liberté sur les ruines de la tyrannie, et qui a changé la monarchie en république.

Les hommes qui se sont attribué la gloire de cette journée, sont les hommes à qui elle appartient le moins : elle est due à ceux qui l'ont préparée ; elle est due à la nature impérieuse des choses ; elle est due aux braves fédérés, et à leur directoire secret qui concertait depuis long-tems le plan de l'insurrection ; elle est due au peuple ; elle est due enfin au génie tutélaire qui préside constamment aux destins de la France, depuis la première assemblée de ses représentans.

Il faut le dire ; un moment le succès fut incertain, et ceux qui sont vraiment instruits des détails de cette journée, savent quels furent les intrépides défenseurs de la patrie, qui empêcherent les Suisses, et tous les satellites du despotisme, de demeurer maîtres du champ de bataille ; quels furent ceux qui rallièrent nos phalanges citoyennes, un instant ébranlées.

Cette journée avait également lieu sans le concours des commissaires de plusieurs sections réunis à la maison commune. Les membres de l'ancienne municipalité, qui n'avaient pas désemparé pendant la nuit, étaient encore en séance à neuf heures et demie du matin.

Ces commissaires conçurent néanmoins une grande idée et prirent une mesure hardie en s'emparant de tous les pouvoirs municipaux, et en se mettant à la place d'un conseil général, dont ils redoutaient la faiblesse et la corruption. Ils exposèrent courageusement leur vie dans le cas où le succès ne justifierait pas l'entreprise.

Si ces commissaires eûssent eu la sagesse de savoir déposer à tems leur autorité, de rentrer au rang des simples citoyens après la belle action qu'ils avaient faite ; ils se seraient couverts de gloire, mais ils ne sûrent pas résister à l'attrait du pouvoir ; et l'envie de dominer s'empara d'eux.

Dans les premiers momens d'ivresse de la conquête de la liberté, et d'après une commotion aussi violente, il était impossible que tout rentrât à l'instant dans le calme et dans l'ordre accoutumé ; il eût été injuste de l'exiger. On fit alors au nouveau conseil de la commune, des reproches qui n'étaient pas fondés ; ce n'était connaître ni sa position, ni les circonstances. Mais ces commissaires commencèrent à les mériter, lorsqu'ils prolongèrent eux-mêmes le mouvement révolutionnaire au-delà du terme.

L'assemblée nationale s'était prononcée ; elle avait pris un grand caractère ; elle avait rendu des décrets qui sauvaient l'empire ; elle avait suspendu le roi ; elle avait effacé la ligne de démarcation qui séparait les citoyens en deux classes ; elle avait appelé la convention ; le parti royaliste était abbatu : il fallait dès lors se rallier à elle, la fortifier de l'opinion, l'environner de la confiance : le devoir et la saine politique le voulaient ainsi.

La commune trouva plus grand de rivaliser avec l'assemblée ; elle établit une lutte qui n'était propre qu'à jetter de la défaveur sur tout ce qui s'était passé ; qu'à faire croire que l'assemblée était sous le joug irrésistible des circonstances. Elle obéissait ou résistait aux décrets suivant, qu'ils favorisaient ou contrariaient ses vues ; elle prenait dans ses représentations, au corps législatif, des formes impérieuses et irritantes ; elle affectait la puissance, et ne savait ni jouir de ses triomphes, ni se les faire pardonner.

On était parvenu à persuader aux uns, que tant que l'état révolutionnaire durait, le pouvoir étant remonté à sa source, l'assemblée nationale était sans caractère ; que son existence était précaire, et que les assemblées de commune étaient les seules autorités légales et puissantes.

On avait insinué aux autres, que les chefs d'opinion dans l'Assemblée nationale avaient des projets perfides, voulaient renverser la liberté, et livrer la république aux étrangers.

De sorte qu'un grand nombre de membres du conseil croyait user d'un droit légitime, lorsqu'il usurpait l'autorité ; croyait résister à l'oppression, lorsqu'il s'opposait à la loi ; croyait faire un acte de civisme, lorsqu'il manquait à ses devoirs de citoyen ; néanmoins au milieu de cette anarchie, la Commune prenait de temps en temps des arrêtés salutaires.

J'avais été conservé dans ma place, mais elle n'était plus qu'un vain titre ; j'en cherchais inutilement les fonctions ; elles étaient éparses entre toutes les mains, et chacun les exerçait.

Je me rendis les premiers jours au conseil ;

je fus effrayé du désordre qui régnait dans cette assemblée, et sur-tout de l'esprit qui la dominait. Ce n'était plus un corps administratif, délibérant sur les affaires communales ; c'était une assemblée politique, se croyant investie de pleins pouvoirs, discutant les grands intérêts de l'état, examinant les loix faites, et en promulguant de nouvelles. On n'y parlait que de complots contre la liberté publique ; on y dénonçait des citoyens ; on les appellait à la barre ; on les entendait publiquement ; on les jugeait, on les renvoyait absous, ou on les retenait. Les règles ordinaires avaient disparu ; l'effervescence des esprits était telle, qu'il était impossible de retenir ce torrent ; toutes les délibérations s'emportaient avec l'impétuosité de l'enthousiasme ; elles se succédaient avec une rapidité effrayante ; le jour, la nuit, sans aucune interruption, le conseil était toujours en séance.

Je ne voulus pas que mon nom fût attaché à une multitude d'actes aussi irréguliers, aussi contraires aux principes.

Je sentis également combien il était sage et utile de ne pas approuver, de ne pas fortifier par ma présence tout ce qui se passait. Ceux qui dans le conseil craignaient de m'y voir ; ceux que mon aspect gênait, desiraient fortement que le peuple dont je conservais la confiance, crût que je présidais à ces opérations, et que rien ne se faisait que de concert avec moi ; ma réserve à cet égard accrut leur inimitié, mais ils n'osèrent pas la manifester trop ouvertement, crainte de déplaire

à

à ce peuple, dont ils briguaient la faveur.

Je parus rarement ; et la conduite que je tins dans cette position très-délicate, entre l'ancienne municipalité qui réclamait contre sa destitution, et la nouvelle qui se prétendait légalement instituée, ne fut pas inutile à la tranquillité publique : car si alors, je me fusse prononcé fortement pour ou contre, j'occasionnais un déchirement qui aurait pu avoir des suites très-funestes : en tout il est un point de maturité qu'il faut savoir saisir.

L'administration fut négligée ; le Maire ne fut plus un centre d'unité ; tous les fils furent coupés entre mes mains ; le pouvoir fut dispersé ; l'action de surveillance fut sans force, l'action réprimante le fut également.

Robespierre prit de l'ascendant dans le conseil, et il était difficile que cela ne fût pas ainsi, dans les circonstances où nous nous trouvions, et avec la trempe de son esprit. Je lui entendis prononcer un discours qui me contrista l'âme. Il s'agissait du décret qui ouvrait les barrières, et à ce sujet, il se livra à des déclamations extrêmement animées, aux écarts d'une imagination sombre ; il apperçut des précipices sous ses pas, des complots liberticides ; il signala les prétendus conspirateurs ; il s'adressa au peuple, échauffa les esprits, et occasionna, parmi ceux qui l'entendaient, la plus vive fermentation.

Je répondis à ce discours, pour rétablir le calme, pour dissiper ces noires illusions, et ramener la discussion au seul point qui dût occuper l'Assemblée.

B

Robespierre et ses partisans entraînaient ainsi la commune dans des démarches inconsidérées, dans des partis extrêmes.

Je ne suspectai pas pour cela les intentions de Robespierre ; j'accusai sa tête plus que son cœur ; mais les suites de ses noires visions ne m'en causaient pas moins d'allarmes.

Chaque jour, les tribunes du conseil retentissaient de diatribes violentes ; les membres ne pouvaient pas se persuader qu'ils étaient des magistrats chargés de veiller à l'exécution des lois et au maintien de l'ordre ; ils s'envisageaient toujours comme formant une association révolutionnaire.

Les sections assemblées recevaient cette influence, la communiquaient à leur tour ; de sorte qu'en même temps tout Paris fut en fermentation.

Le comité de surveillance de la commune remplissait les prisons. On ne peut pas se dissimuler que, si plusieurs de ces arrestations furent justes et nécessaires, d'autres furent légèrement hazardées. Il faut moins en accuser les chefs que leurs agents ; la police était mal entourée : un homme, entr'autres, dont le nom seul est devenu une injure, dont le nom jette l'épouvante dans l'âme de tous les citoyens paisibles, semblait s'être emparé de sa direction et de ses mouvements. Assidu à toutes les conférences, il s'immisçait dans toutes les affaires, il parlait, il ordonnait en maître ; je m'en plaignis hautement à la commune, et je terminai mon opinion par ces mots : « Marat est ou le plus insensé , ou le plus scélérat des hommes. Depuis , je n'ai jamais parlé de lui.

La justice était lente à prononcer sur le sort des détenus , et ils s'entassaient de plus en plus dans les prisons. Une section vint en députation au conseil de la commune le 23 août , et déclara formellement que les citoyens fatigués , indignés des retards que l'on apportait dans les jugements , forceraient les portes de ces asiles , et immoleraient à leur vengeance les coupables qui y étaient renfermés. Cette pétition , conçue dans les termes les plus délirants , n'éprouva aucune censure ; elle reçut même des applaudissemeuts.

Le 25 , mille à douze cents citoyens armés sortirent de Paris , pour enlever les prisonniers d'état , détenus à Orléans , et les transférer ailleurs.

Des nouvelles fâcheuses vinrent encore augmenter l'agitation des esprits. On annonça la trahison de *Longwi* , et quelques jours après , le siège de *Verdun*.

Le 27 , l'assemblée nationale invita le département de Paris et ceux environnants à fournir trente mille hommes armés pour voler aux frontières. Ce décret imprima un nouveau mouvement , qui se combina avec ceux qui existaient déjà.

Le 31 , l'absolution de *Montmorin* souleva peuple. Le bruit se répandit qu'il avait été sauvé par la perfidie d'un commissaire du roi , qui avait induit les jurés en erreur

Dans le même moment, on publia la révélation d'un complot, faite par un condamné, complot tendant à faire évader tous les prisonniers qui devaient ensuite se répandre dans la ville, s'y livrer à tous les excès et enlever le roi.

L'effervescence était à son comble. La commune, pour exciter l'enthousiasme des citoyens, pour les porter en foule aux enrolements civiques, avait arrêté de les réunir avec appareil au Champ-de-Mars, au bruit du canon.

Le 2 septembre arrive, le canon d'allarme tire, le tocsin sonne; oh! jour de deuil! à ce son lugubre et allarmant, on se rassemble, on se précipite dans les prisons; on égorge, on assassine. Manuel, plusieurs députés de l'assemblée nationale se rendent dans ces lieux de carnage; leurs efforts sont inutiles, on immole les victimes jusques dans leurs bras! Eh bien! j'étais dans une fausse sécurité, j'ignorais ces cruautés; depuis quelque temps on ne me parlait de rien. Je les apprends enfin, et comment? d'une manière vague, indirecte, défigurée; on m'ajoute en même temps que tout est fini. Les détails les plus déchirants me parviènent ensuite; mais j'étais dans la conviction la plus intime que le jour, qui avait éclairé ces scènes affreuses, ne reparaîtrait plus. Cependant elles continuent. J'écris au commandant général, je le requiers de porter des forces aux prisons; il ne me répond pas d'abord: j'écris de nouveau; il me dit qu'il a donné des ordres. Rien n'annonce que ces ordres s'exécutent ; cependant elles continuent encore : je vais au conseil de la commune ; je me rends de-là à l'Hôtel de la Force, avec plusieurs de mes collègues. Des citoyens assez paisibles obstruaient la rue qui conduit à cette prison ; une très-faible garde était à la porte ; j'entre..... Non, jamais ce spectacle ne s'effacera de mon cœur. Je vois deux officiers revêtus de leurs écharpes : je vois trois hommes tranquillement assis devant une table, les registres d'écrous ouverts et sous leurs yeux, faisant l'appel des prisonniers ; d'autres hommes les interrogeant ; d'autres hommes faisant fonctions de jurés et de juges ; une douzaine de bourreaux, les bras nuds, couverts de sang, les uns avec des massues, les autres avec des sabres et des coutelas qui en dégouttaient, exécutant à l'instant les jugements ; des citoyens attendant au-dehors ces jugements avec impatience, gardant le plus morne silence aux arrêts de mort, jettant des cris de joie aux arrêts d'absolution.

Et les hommes qui jugeaient, et les hommes qui exécutaient, avaient la même sécurité, que si la loi les eût appelés à remplir ces fonctions. Ils me vantaient leur justice, leur attention à distinguer les innocents des coupables, les services qu'ils avaient rendus ; ils demandaient, pourrait-on le croire ? ils demandaient à être payés du temps qu'ils avaient passé ; j'étais réellement confondu de les entendre.

Je leur parlai le langage austère de la loi;
je leur parlai avec le sentiment de l'indi-
gnation profonde dont j'étais pénétré. Je les
fis sortir tous devant moi ; j'étais à peine
sorti moi-même, qu'ils y rentrèrent : je fus
de nouveau sur les lieux, pour les en chas-
ser; la nuit, ils achevèrent leur horrible bou-
cherie.

Ces assassinats furent-ils commandés,
furent-ils dirigés par quelques hommes? J'ai
eu des listes sous les yeux , j'ai reçu des
rapports , j'ai recueilli quelques faits ; si
j'avais à prononcer, comme juge, je ne pour-
rais pas dire : voilà le coupable.

Je pense que ces crimes n'eussent pas eu
un aussi libre cours; qu'ils eussent été arrêtés,
si tous ceux qui avaient en main le pouvoir et
la force les eussent vus avec horreur ; mais
je dois le dire parce que cela est vrai, plusieurs de ces hommes publics, de ces défenseurs de la patrie, croyaient que ces journées
désastreuses et déshonorantes étaient nécessaires ; qu'elles purgeaient l'empire d'hommes
dangereux ; qu'elles portaient l'épouvante
dans l'âme des conspirateurs; et que ces
crimes odieux en morale, étaient utiles en
politique.

Oui, voilà ce qui a ralenti le zèle de ceux
à qui la loi avait confié le maintien de l'ordre;
de ceux à qui elle avait remis la défense des
personnes, et des propriétés.

On voit comment on peut lier les journées
des 2, 3, 4 et 5 Septembre à l'immortelle
journée du 10 Août, comment on peut en

faire une suite du mouvement révolutionnaire imprimé dans ce jour, le premier des
annales de la république. Mais je ne puis
me résoudre à confondre la gloire avec l'in-
famie, et à souiller le 10 Août, des excès
du 2 Septembre.

Le comité de surveillance lança en effet
un mandat d'arrêt contre le ministre Roland;
c'était le 4, et les massacres duraient encore.
Danton en fut instruit, il vint à la mairie, il
était avec Robespierre; il s'emporta avec cha-
leur contre cet acte arbitraire et de démence;
il aurait perdu, non pas Roland mais ceux
qui l'avaient décerné. Danton en provoqua
la révocation, il fut enseveli dans l'oubli.

J'eus une explication avec Robespierre,
elle fut très vive. Je lui ai toujours fait en
face des reproches que l'amitié à tempérés
en son absence: je lui dis, Robespierre, vous
faites bien du mal; vos dénonciations, vos
allarmes, vos haines, vos soupçons, agitent
le peuple; mais enfin, expliquez-vous; avez-
vous des faits? avez-vous des preuves? Je
combats avec vous; je n'aime que la vérité; je
ne veux que la liberté.

Vous vous laissez entourer, vous vous laissez prévenir, me répondit-il; on vous in-
dispose contre moi; vous voyez tous les jours
mes ennemis; vous voyez Brissot et son
parti.

Vous vous trompez, Robespierre; personne
plus que moi n'est en garde contre les préventions, et ne juge avec plus de sang-froid, les
hommes et les choses.

Vous avez raison, je vois Brissot néanmoins rarement ; mais vous ne le connaissez
pas, et moi je le connais dès son enfance.
Je l'ai vû dans ces moments où l'âme se
montre toute entière ; où l'on s'abandonne
sans réserve à l'amitié, à la confiance : je
connais son désintéressement ; je connais ses
principes, je vous proteste qu'ils sont purs ;
ceux qui en font un chef de parti n'ont pas
la plus légère idée de son caractère ; il a des
lumières et des connaissances ; mais il n'a
ni la réserve, ni la dissimulation, ni ces formes entrainantes, ni cet esprit de suite qui
constitue un chef de parti, et ce qui vous
surprendra, c'est que loin de mener les autres,
il est très facile à abuser.

Robespierre insista, mais en se renfermant
dans des généralités. En grâce, lui dis-je,
expliquons-nous ; dites-moi franchement ce
que vous avez sur le cœur, ce que vous savez.

Eh bien ! me répondit-il, je crois que Brissot est à Brunswick.

Quelle erreur est la vôtre, m'écriai-je !
c'est véritablement une folie ; voilà comme
votre imagination vous égare : Brunswick ne
serait-il pas le premier à lui couper la tête :
Brissot n'est pas assez fou pour en douter : qui
de nous sérieusement peut capituler ? qui de
nous ne risque pas sa vie ? Bannissons d'injustes défiances.

Danton s'entremêla dans le colloque,
nous dit que ce n'était pas là le moment de
disputer ; qu'il fallait ajourner toutes ces explications après l'expulsion des ennemis ; que
cet

cet objet décisif devait seul occuper tous les bons citoyens.

Danton, peu de jours après vint me trouver, me montra une lettre que lui écrivait Marat; cette lettre était très-insolente; les reproches étaient mêlés aux injures; il menaçait Danton de ses placards. Danton me parut courroucé; Marat était au comité de surveillance, nous y descendîmes ensemble: le débat fut très-animé; Danton traita durement Marat; Marat soutint ce qu'il avait avancé, finit par dire qu'il fallait tout oublier, déchira la lettre, embrassa Danton, et Danton l'embrassa. J'atteste ces faits qui se sont passés devant moi.

Le conseil de la commune devenait moins agité; beaucoup de ses membres, et en général les plus effervescents étaient dispersés, et remplissaient des missions dans plusieurs parties de l'Empire.

L'assemblée électorale venait d'ouvrir ses séances; elle fixait tous les regards, et devenait le foyer des ambitions et des passions particulières. Il est vrai, ainsi qu'on l'a avancé, que cette assemblée était influencée, dominée par un petit nombre d'hommes; qu'on ne pouvait choisir que leur partisans; que les élections étaient préparées par des listes qui furent exactement suivies, à de légères exceptions près.

Il est vrai encore que cette assemblée était devenue une lice, toujours ouverte aux dénonciations, aux déclamation les plus emportées. Des orateurs par leurs discours entretenaient dans le peuple une agitation violente , et nous exposaient sans cesse au renouvellement de ces scènes d'horreur dont nous venions d'être témoins.

Depuis long-temps, on annonçait un mouvement général dans Paris pour le 20 septembre ; on annonçait que plusieurs représentants du peuple seraient égorgés. On désignait pour victimes de vrais défenseurs de la liberté. Je suivis avec attention tout ce qui se passait ; j'observai la disposition des esprits et je ne partageai pas toutes ces inquiétudes.

Paris est à lui seul, et sous un rapport, un petit empire. Il est très - facile d'y faire un mouvement ; il est extrêmement difficile d'y faire une insurrection. Un quartier de la ville est calme, lorsque l'autre est agité. On ignore dans une rue ce qui se passe dans la rue voisine. Ce qui touche une partie des citoyens est indifférent à l'autre. Il n'y a pas de point de raliement où tout vienne se rendre ; il n'y a pas de centre d'unité pour donner en même-temps l'impulsion à toutes les parties. Pour soulever à la fois une masse d'hommes aussi énorme, il faut un très-grand objet , un objet qui attache , qui intéresse tous les citoyens ; aussi n'avons nous eû que deux insurrections dans Paris , celle du 14 juillet et celle du 10 août.

Beaucoup de mouvements particuliers au contraire se sont fait sentir. Ils n'ont pas en général de suites fâcheuses lorsqu'on est averti à temps. Celui qui ne connaît pas Paris serait effrayé s'il lisait les rapports qui parviènent à chaque instant au maire. Dans les jours les plus tranquilles, il croirait toujours que cette cité va être en proie à tous les excès ; mais par l'exagération même, on s'habitue à juger la vérité.

J'avoue que dans le moment actuel où le peuple est perpétuellement assemblé, une grande commotion est plus aisée à opérer ; elle rencontrerait néanmoins encore d'immenses obstacles. Je ne vois présentement qu'une cause aussi majeure que celle du jugement du roi qui puisse occasionner un mouvement vraiment sérieux, si la décision choquait l'opinion publique.

Le 20 septembre, ainsi que je l'avais prévu, se passa sans orage : je ne vous parle pas de ce qui a eu lieu depuis, vous le savez ; ce tableau a souvent été mis sous vos yeux ; trop souvent la commune de Paris a été le sujet de vos débats. D'ailleurs, les membres qui la composent repoussant à cette barre les soupçons dont ils se trouvent tous frappés, ont pris l'engagement de démasquer eux-mêmes les agitateurs et les traîtres qui pourraient s'être glissés dans leur sein ; de rendre leurs comptes ; de justifier leur conduite et de vous donner tous les éclaircissements que la tranquillité publique sollicite et que vous pouvez desirer.

Une organisation prompte de la municipalité ; voilà le meilleur remède à apporter aux maux qui tourmentent cette cité ; voilà ce qui fera cesser les dernières agitations des secousses anarchiques.

Éclairer ensuite le peuple sur ses droits,

sur ses devoirs, sur le véritable exercice de sa puissance, démasquer les charlatans qui le flatent et le trompent; voilà ce qui consolidera la paix en assurant son bonheur.

Je reviens aux évènements dont je vous ai tracé une faible esquisse; ces évènements et quelques-uns de ceux qui ont précédé la célèbre journée du 10 août, le rapprochement des faits et d'une foule de circonstances ont porté à croire que des intrigans avaient voulu s'emparer du peuple, pour, avec le peuple, s'emparer de l'autorité: on a désigné hautement Robespierre. On a examiné ses liaisons; on a analysé sa conduite; on a recueilli les paroles qui, dit-on, ont échappé à un de ses amis; et on en a conclu que Robespierre avait eu l'ambition insensée de devenir le dictateur de son pays.

Le caractère de Robespierre explique ce qu'il a fait : Robespierre est extrêmement ombrageux et défiant; il apperçoit par-tout des complots, des trahisons, des précipices. Son tempérament bilieux, son imagination atrabilaire lui présentent tous les objets, sous de sombres couleurs; impérieux dans son avis, n'écoutant que lui, ne supportant pas la contrariété, ne pardonnant jamais à celui qui a pu blesser son amour-propre, et ne reconnaissant jamais ses torts; dénonçant avec légèreté, et s'irritant du plus léger soupçon; croyant toujours qu'on s'occupe de lui, et pour le persécuter; vantant ses services et parlant de lui avec peu de réserve; ne connaissant point les convenances, et nuisant par cela même aux causes qu'il défend ; voulant par-dessus tout les faveurs du peuple, lui faisant sans cesse la cour, et cherchant avec affectation ses applaudissemens ; c'est-là, c'est sur-tout cette dernière faiblesse, qui, perçant dans tous les actes de sa vie publique, a pu faire croire que Robespierre aspirait à de hautes destinées, et qu'il voulait usurper le pouvoir dictatorial.

Quant à moi, je ne puis me persuader que cette chimère ait sérieusement occupé ses pensées, qu'elle ait été l'objet de ses désirs, et le but de son ambition.

Il est un homme, cependant, qui s'est enivré de cette idée fantastique ; qui n'a cessé d'appeler la dictature sur la France, comme un bienfait ; comme la seule domination qui pût nous sauver de l'anarchie qu'il prêchait, qui pût nous conduire à la liberté et au bonheur. Il sollicitait ce pouvoir tyrannique, pour qui ? Vous ne voudriez jamais le croire : vous ne connaissez pas assez tout le délire de sa vanité : il le sollicitait pour lui ; oui, pour lui, Marat. Si sa folie n'était pas féroce, il n'y aurait rien d'aussi ridicule que cet être que la nature semble avoir marqué tout exprès du sceau de sa réprobation.

Ce projet insensé est déja loin de nous, il ne reparaîtra plus ; mais, législateurs, je vous déclare que dans ce moment même, de vils esclaves en méditent un, non moins absurde et non moins criminel. Oui, on ose penser à relever vos tyrans abattus. On jète quelqu'intérêt sur leurs personnes ; on appitoye sur leur sort ; leurs crimes, sont des égaremens qu'on attribue à des conseils perfides ; la générosité est la vertu d'une grande nation ; l'oubli du passé nous préparera un heureux avenir ; nous aurons la paix au-dehors, l'abondance au-dedans : ces idées circulent dans des lettres manuscrites ; elles se propagent ; on parle d'employer tout à-la-fois, la ruse et la force, pour favoriser l'exécution du projet : on parle d'un mouvement populaire, et de la facilité de profiter de ce trouble. J'ai reçu des avis multipliés sur des fabrications d'armes, qui ne sont qu'à l'usage des scélérats. Des étrangers sont dans nos murs, et paraissent soudoyés par nos ennemis. On m'a dénoncé des hommes qui sont eux - mêmes des dénonciateurs de profession, mais que je crois néanmoins incapables de tremper dans ce projet infâme et extravagant.

Il est très-inutile, je pense, de chercher à calmer vos inquiétudes sur une trame aussi follement atroce. La France ne courbera jamais sa tête altière sous le joug d'aucun tyran. Nous avons voulu être libres, nous le sommes, nous le serons. Nous n'avons rien à craindre de nos ennemis ; nous n'avons à redouter que nous - mêmes. Soyons unis, nous serons invincibles ; ayons la paix, nous serons heureux. C'est à la convention nationale dont l'exemple est si puissant sur toute la république à imprimer ce mouvement salutaire, en prenant cette attitude imposante qui lui convient, cette dignité calme des hommes libres ; éloignant d'elle toutes ces petites passions, toutes ces personnalités avilissantes, qui dégradent la majesté d'une assemblée. Nous ne pouvons avoir qu'un sentiment, celui de la liberté, nous ne pouvons vouloir qu'un gouvernement, celui qui nous rendra libres et heureux. Il n'est plus là de roi, ni de liste civile pour corrompre; notre ouvrage ne sera qu'un projet, la nation l'examinera. On parle de partis! je vois des haines, des préventions, des chocs de vanité et d'amour-propre, mais, qu'on m'indique ici quel est le parti qui ne veuille pas la république, qui ne veuille pas l'unité, qui ne veuille pas la fraternité de tous les français.

Je connais tels de ceux dont on forme des chefs de parti, qui sont les hommes les plus étrangers aux intrigues, qui sont les hommes les plus vertueux, et les plus indépendans.

Sans doute que ceux qui sont unis par des rapports d'amitié et d'estime; que ceux qui fréquentent les mêmes sociétés d'instruction, sont souvent du même avis sur les questions qui se présentent. Il en doit être nécessairement ainsi, sans pour cela qu'on puisse dire qu'ils forment des partis.

Il est même impossible que dans une assemblée, après quelque tems de séance et de discussion, il n'y ait pas des hommes qui se sentent de l'attrait les uns pour les autres, dont les opinions s'accordent, qui contractent l'habitude d'être ensemble, de voter de même.

C'est ainsi que naturellement et de soi-même, une opposition se forme dans une assemblée; elle est inévitable; elle est même nécessaire, et pourvu que des motifs purs, des intentions louables, l'amour du bien public animent ceux que la sympathie et la conformité des sentimens réunissent, qui a le droit de se permettre envers eux le soupçon où le reproche ? Doit-on se haïr pour se combattre ? doit-on se persécuter pour différer d'opinion ? On ne peut mépriser que ces hommes faux qui mentent à leur conscience, qui sacrifient à l'intrigue, qui n'écoutent que leurs intérêts personnels.

Expliquons-nous ici franchement ; que nos explications tournent au profit de la chose publique, qu'elles soient les dernières. Si quelqu'un connaît dant cette assemblée un traître, qu'il le nomme : s'il connaît une faction qui conspire contre la liberté, qu'il la dénonce. Que ce ne soit pas dans l'ombre du mystère qu'il distile la calomnie ; que ce ne soit pas au moment même où un orateur est à la tribune, qu'on décrie sa personne, pour décrier son opinion ; qu'on se permette ces confidences astucieuses, ces insinuations perfides.

Qu'on n'ait pas non plus la lâcheté coupable, lorsqu'on a gardé le silence devant lui, d'aller travestir ailleurs ce qu'il a dit, et de calomnier jusqu'à ses intentions.

Demandez à ces hommes envieux, si prompts à diffâmer ceux qui leur déplaisent, ceux dont les talens et les vertus les offusquent ; demandez leur quelle preuve ils ont, que celui qu'ils accusent soit un fourbe, un scélérat ; et vous verrez ce qu'ils vous répondront ? ils commenceront par vous dire qu'on ne peut pas raisonnablement exiger de preuves matérielles et écrites ; s'étant mis ainsi à l'aise, ils rassembleront quelques faits, vrais ou faux, des conjectures plus ou moins vagues, et bâtiront sur le tout un système de calomnie plus ou moins vraisemblable. Quel est l'homme, je parle du plus intègre, dont la réputation puisse résister à cette étrange épreuve. Cette manie d'attaquer sans cesse et indistinctement tous les hommes publics, d'appeler sur leurs têtes les vengeances d'une multitude égarée, n'est favorable qu'aux fripons, puisqu'ils se trouvent sur la même ligne que les gens de bien ; elle n'est propre qu'à décourager la vertu et à enhardir le vice ; elle met le peuple dans une situation pénible, dans cette incertitude cruelle, de ne savoir à qui remettre sa confiance.

Laissons à l'écart toutes ces injustes défiances, toutes ces idées de parti ; voyons moins les hommes, voyons plus les choses. Quand une vérité nous est offerte, qu'importe la main qui la présente ? Qu'importe la source d'où elle découle, et les motifs qui l'ont inspirée. Ne nous passionnons que pour le bien ; élevons nous à la hauteur de l'auguste mission dont nous sommes honorés ; la nation attend de nous son bonheur ; ne fatiguons pas plus long-temps son impatience. L'Europe vous contemple, la postérité vous jugera.

Je demande donc que nous nous occupions des grands intérêts de la république.

LETTRE

DE

JÉRÔME PÉTION,

A LA SOCIÉTÉ DES JACOBINS.

Depuis quelque temps, dans cette société, on me porte des attaques plus ou moins directes, plus ou moins vives. Jusqu'ici je n'ai pas cru devoir répondre, mais il est temps d'arrêter ce système d'intrigues et de calomnie. Je n'aime pas à parler de moi ; je ne me suis jamais permis de dire en public un seul mot des services que j'avais rendus : je le dois aujourd'hui, je vais le faire, et sans affecter une fausse modestie.

J'ai aimé et cultivé la liberté, avant qu'elle fût née dans mon pays.

Je me suis livré à l'étude des loix et des gouvernemens, et j'ai fait, avant la révolution des ouvrages qui respirent l'amour de l'égalité et de la liberté.

J'ai défendu avec constance et courage les droits du peuple dans l'assemblée constituante.

J'ai sauvé cette société, lors de la fameuse

scission. J'ai vu un instant où elle était composée de trois membres de l'Assemblée nationale, et de vingt à trente autres citoyens. La terreur avait dissipé le reste; elle avait dissipé plusieurs des hommes qui y jouent aujourd'hui les plus grands rôles. Des trois membres de l'Assemblée, l'un était peu connu. Robespierre, qui avait une réputation faite de patriotisme, ne jouissait cependant pas de ce genre de considération que donnent la sagesse et la mesure dans la conduite des affaires publiques. J'ai vu Robespierre tremblant, Robespierre voulant fuir, Roberspierre n'osant se montrer à l'Assemblée.... demandez-lui si je tremblais.

J'ai sauvé Robespierre lui-même de la persécution, en m'attachant à son sort, lorsque tout le monde l'abandonnait.

J'ai sauvé plus d'une fois Paris et j'ai épargné le sang du peuple.

Je n'ai pas peu contribué à amener la journée du 10 Août.

Je n'ai plus eu depuis la même influence sur les évènemens; on jugera si cela a été plus utile que nuisible au bonheur de cette ville et à la tranquilité de ses habitants.

J'espère encore servir ma patrie.

Je déclare que je n'apartiens et que je n'appartiendrai jamais à aucun parti.

Je déclare que je ne connais point de *faction Brissot* ; que malgré l'aveuglement général, et l'acharnement à cet égard, cette faction est une chimère, et qu'il n'est pas d'homme moins propre à être chef de parti que Brissot.

Je déclare que la société des Jacobins a rendu les plus grands services, qu'elle peut en rendre encore d'importans ; et que je la défendrai de toutes mes forces, mais sans prévention : que j'adopterai ses opinions, quand je les croirai bonnes ; que je lescombattrai, quand je les croirai mauvaises.

Lorsqu'on considère quelques-uns de ces hommes si ardents patriotes en apparence, de ces fanfarons de liberté qui étaient jadis esclaves, et qui demain le seraient encore sous un roi, de ces hommes qui ont l'insolence de ne trouver personne à leur hauteur : cela dégoûterait du patriotisme, si cette vertu n'était pas gravée profondément dans le cœur.

Quant à moi, je suis aujourd'hui ce que j'ai toujours été. Inébranlable dans mes principes, je réponds que, quelque chose qui arrive, je mourrai libre.

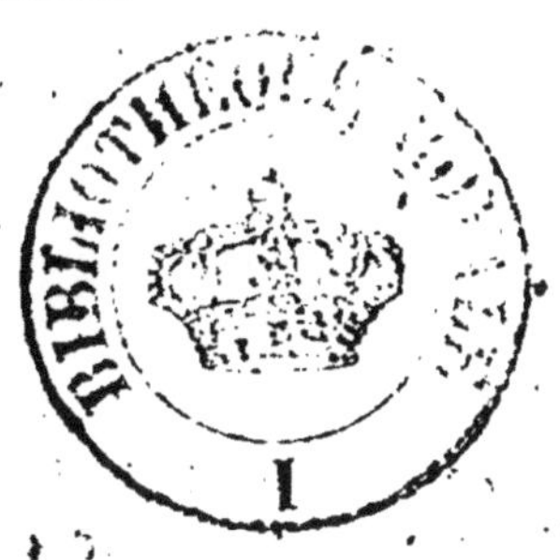

De l'Imp. de C.-F. PATRIS, Imprimeur de la Commune, rue du Fauxbourg Saint-Jacques, aux Dames Sainte-Marie.

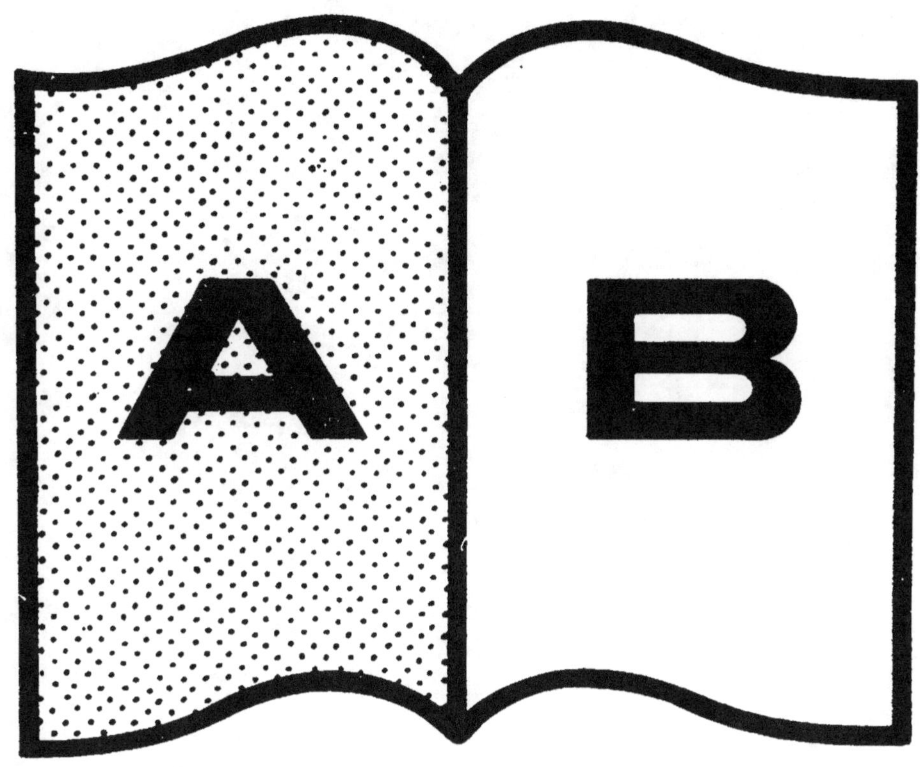

Contraste insuffisant

NF Z 43-120-14

www.ingramcontent.com/pod-product-compliance
Lightning Source LLC
LaVergne TN
LVHW050037070726
842526LV00015B/1859